BEREIT? FANGEN WIR AN!

© Copyright by Pamparam Kinderbücher. Bilder Feepik.com oder lizenziert für die kommerzielle Nutzung. Alle Rechte vorbehalten.

ICH SEHE WAS DU NICHT SIEHST UND DAS MIT DER BUCHSTABE B BEGINNT

Bär!

ICH SEHE WAS DU NICHT SIEHST UND DAS MIT DER BUCHSTABE i BEGINNT

GEL!

ICH SEHE WAS DU NICHT SIEHST UND DAS MIT DER BUCHSTABE F BEGINNT

Elfin!

ICH SEHE WAS DU NICHT SIEHST UND DAS MIT DER BUCHSTABE K BEGINNT

Pferd!

ICH SEHE WAS DU NICHT SIEHST UND DAS MIT DER BUCHSTABE A BEGINNT

lligator!

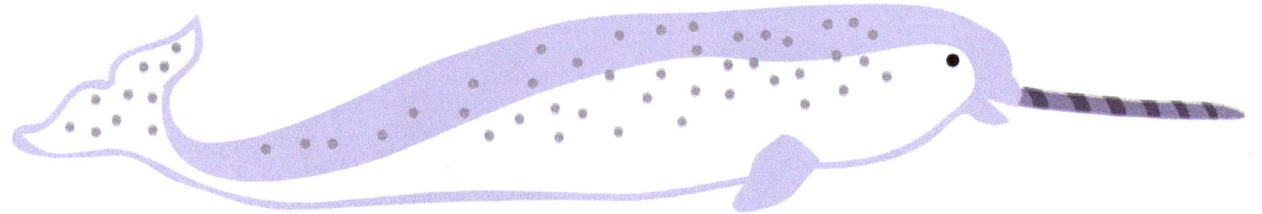

ICH SEHE WAS DU NICHT SIEHST UND DAS MIT DER BUCHSTABE T BEGINNT

iger!

ICH SEHE WAS DU NICHT SIEHST UND DAS MIT DER BUCHSTABE O BEGINNT

ktopus!

ICH SEHE WAS DU NICHT SIEHST UND DAS MIT DER BUCHSTABE S BEGINNT